ABCD DES PETITES Filles

PELLERIN & Cie à ÉPINAL

(1)
Lettres majuscules

ABCDE
FGHIJK
LMNOP
QRSTU
VWXYZ

LA DINETTE.

Adèle et Marthe font la dinette ensemble. — Adèle déguste du chocolat et Marthe croque des pommes. — Tout à l'heure elles partageront : — Marthe aura du chocolat et Adèle croquera des pommes à son tour. — Il n'y a que les petits gourmands qui ne partagent jamais.

(3)
Lettres minuscules.

abcdefg
hijklmn
opqrstu
vxyz.

Chiffres majuscules.
123456789

Chiffres romains
I II III IV V VI VII VIII IX

MUSIQUE DE CHAMBRE.

Ran tan plan, Ran tan plan! c'est aujourd'hui jeudi: les grands et les petits bébés sont en vacances, on l'entend bien. — Toto fait tourner la crecelle et bat la caisse. — Sa sœur l'accompagne avec les pincettes. — Jouez, enfants, c'est jour de congé, mais ne faites pas trop de tapage!

(5)

Lettres anglaises majuscules.

A B C D E F G
H I J K L M N
O P Q R S T U
V X Y Z.

Lettres anglaises minuscules.

a b c d e f g h i j
k l m n o p q r s
t u v x y z.

Chiffres arabes.

1 2 3 4 5 6 7 8 9 0.

LE MENSONGE.

Quel triste spectacle frappe les regards! pourquoi cette grande fille est-elle enfermée dans un bûcher et condamnée au pain et à l'eau? C'est qu'elle a dit un gros mensonge.—Un mensonge? quelle horreur! pour une faute aussi méprisable la prison est encore trop douce; ne la plaignons pas.

(7)

Lettres rondes majuscules.

A B C D E F G
H I J K L M
N O P Q R
T U V X Y Z

Lettres rondes minuscules.

a b c d e f g h i j k
l m n o p q r s t
u v x y z

Chiffres en ronde.

1 2 3 4 5 6 7 8 9 0

LA MORT DE FIFI.

Pourquoi désobéir, Mademoiselle? ce malheur ne vous serait pas arrivé. —On vous avait bien recommandé de ne jamais descendre la cage de votre oiseau; vous n'avez pas écouté, et le chat a donné un coup de griffe au pauvre Fifi. —Vous avez beau pleurer: il est trop tard, Fifi ne chantera plus!

Voyelles simples.

A E E E I O U Y

Voyelles composées.

EU OU AN IN ON UN

Diphthongues.

ié ia io iou ian ion iai

ien ieu iau oui uin oin oué

Exercice sur les E.

L'È ouvert se prononce comme AI.

bè cè dè fè gè kè lè mè nè pè què rè sè tè

prononcez :

bai çai dai fai gai kai lai mai nai pai quai rai sai tai

L'E muet se prononce EU.

be ce de fe ge ke le me ne pe que re se te

prononcez :

beu çeu deu feu geu keu leu meu neu peu queu reu seu teu

L'É fermé se prononce comme dans ÉTÉ.

bé cé dé fé gé ké lé mé né pé qué ré sé té

LA GOURMANDISE.

La petite Marie a le malheur d'être gourmande. — La maman qui connaît le défaut de sa fille, a grand soin de mettre tout sous clé. — Un jour elle oublia de fermer l'armoire aux confitures. — Marie voulut s'emparer d'un pot de gelée de groseilles: voyez ce qu'il arriva....

SYLLABES.

ba	be	bi	bo	bu	ab	eb	ib	ob	ub
ca	ce	ci	co	cu	ac	ec	ic	oc	uc
da	de	di	do	du	ad	ed	id	od	ud
fa	fe	fi	fo	fu	af	ef	if	of	uf
ga	ge	gi	go	gu	ag	eg	ig	og	ug
ha	he	hi	ho	hu	ah	eh	ih	oh	uh
ja	je	ji	jo	ju	aj	ej	ij	oj	uj
ka	ke	ki	ko	ku	ak	ek	ik	ok	uk
la	le	li	lo	lu	al	el	il	ol	ul
ma	me	mi	mo	mu	am	em	im	om	um
na	ne	ni	no	nu	an	en	in	on	un
pa	pe	pi	po	pu	ap	ep	ip	op	up
qua	que	qui	quo	qu	aq	eq	iq	oq	uq
ra	re	ri	ro	ru	ar	er	ir	or	ur
sa	se	si	so	su	as	es	is	os	us
ta	te	ti	to	tu	at	et	it	ot	ut
va	ve	vi	vo	vu	av	ev	iv	ov	uv
xa	xe	xi	xo	xu	ax	ex	ix	ox	ux
za	ze	zi	zo	zu	az	ez	iz	oz	uz

LA CURIOSITÉ.

Berthe fait beaucoup de peine à ses parents; elle est jolie, adroite, instruite, mais elle a un horrible défaut: Elle est curieuse et cherche à savoir ce qui ne la regarde pas. —Voyez la vilaine qui écoute aux portes? fi, que c'est laid, Mademoiselle! votre cousin Jules, qui vous surprend, ne vous aimera plus!

EXERCICE SUR LA PRONONCIATION.

bra	bre	bri	bro	bru	bla	ble	bli	blo	blu
dra	dre	dri	dro	dru	dla	dle	dli	dlo	dlu
cra	cre	cri	cro	cru	fla	fle	fli	flo	flu
fra	fre	fri	fro	fru	cla	clé	cli	clo	clu
gra	gre	gri	gro	gru	gla	gle	gli	glo	glu
pra	pre	pri	pro	pru	pla	ple	pli	plo	plu
sra	sré	sri	sro	sru	sla	sle	sli	slo	slu
tra	tré	tri	tro	tru	tla	tle	tli	tlo	tlu
vra	vre	vri	vro	vru	vla	vle	vli	vlo	vlu
zra	zré	zri	zro	zru	zla	zle	zli	zlo	zlu

gna gne gni gno gnu

bia	bie	bio	biu	mia	mie	mio	miu
cia	cie	cio	ciu	nia	nie	nio	niu
dia	die	dio	diu	pia	pié	pio	piu
fia	fie	fio	fiu	quia	quié	quio	
gia	gie	gio	giu	ria	rie	rio	riu
hia	hié	hio	hiu	sia	sie	sio	siu
jia	jie	jio	jiu	tia	tie	tio	tiu
kia	kie	kio	kiu	via	vié	vio	viu
lia	lié	lio	liu	zia	zie	zio	ziu

LA LEÇON DE LECTURE.

Ah, comme elle est gentille la petite Louise ! son frère Charles lui a fait cadeau d'un bel alphabet en images, et tout aussitôt elle a voulu apprendre ses lettres. — Regardez comme elle répète déjà bien A B C D. — Son frère est enchanté, et quand elle saura toutes ses lettres, il lui donnera des bonbons.

(15)
EXERCICE SUR LES SONS
mots d'une syllabe.

SONS PLEINS.

lac, geai, rail, bain, clair, mal, franc, char, cap, las, gras, miel, fât, reps, mer, mets, cerf, chef, lieu, jeu, nil, fuir, lis, job, christ, roc, noix, clou, point, pal, deuil, jet, vœu, fleur, vin, pied, nul, un, mur, turc, sus, busc, vol, prompt, cor, blé, mot, nain, île, eau, gers, mai, main, feu, joug, toul, pain, cour, fox, gros, arc, legs, foi, sel, mont, bal, chat, soir, beau, soin, don, bœuf.

LE TRAVAIL RÉCOMPENSÉ.

La distribution des prix est le triomphe des enfants studieux et la honte des paresseux.—Voyez vous Marguerite, couronnée de roses et portant dans ses bras de beaux albums pleins d'images? imitez-la, chères lectrices, étudiez bien, vous obtiendrez des récompenses.

SUITE DE L'EXERCICE SUR LES SONS

mots à finales muette.

fable, perte, filtre, lièvre, vase, poste, boite, tertre, crême, fée, bible, joie, force, tube, sangle, acte, faible, scribe, danse, rade, zèbre, toile, gaffe, rose, prune, libre, côte, âge, siècle, meuble, neige, bagne, secte, lune, vie, monde, chaise, terre, vice, gare, nègre, messe, tige, genre, foie, herse, encre, père, arme, poire, poutre, halle, luxe, trace, ange, bague, genre, plainte, femme, chambre, geste, mâle, cendre, branche, marbre, alpes, valse.

PETITES PHRASES
sur les mots d'une syllabe.

Il pleut. J'ai faim. On vient. C'est lui. J'y vais. Quel temps. J'ai soif. Le jour luit. C'est du lait. Dieu est bon. Le sel gris. Le gril noir. J'ai froid aux pieds. On fait du bruit. Ce lard est gras. Les blés sont mûrs. Le plomb est très lourd. Ce gant me va bien. Ce Turc sait le grec. Les cerfs ont de beaux yeux. Au Cap il fait très chaud.

Le Joug est fait pour les bœufs.

On ne voit plus que ciel et mer.

Le Chat est prompt mais le Rat est vif.

Les Yacks ont de très longs poils sur la peau.

On a la paix du cœur quand on suit la loi du Christ.

LA CHARITÉ.

Le bon Dieu sourit aux enfants charitables. — Se priver d'un gâteau pour faire l'aumône, c'est accomplir une bonne action qui, tôt ou tard, aura sa récompense. — La petite Mathilde emploie de cette manière les sous que lui donne son papa. — Les pauvres la béniront bien certainement.

SYLLABAIRE.
Exercice sur les sons.

MOTS DE DEUX SYLLABES.

A

ba-ba, da-da, ga-la, har-nais, co-rail, é-mail, tra-vail, ta-bac, é-clair, lé-zard, ba-vard, a-tlas, ru-ban, vol-can, vi-lain, bo-cal,

E

par-lé, con-seil, cer-feuil, cas-tel, a-vec, so-leil, blanc-bec, i-dem, hô-tel, ne-veu, cor-beau, ri-deau, a-grès, pro-cès, ab-bé, ex-près ho-chet cu-ré buf-fet, vo-leur,

I

mi-mi, a-mi, jo-li, vau-rien, an-cien, ba-ril, fu-sil, gen-til, ca-nif, oi-sif, ta-rif, rou-gir, ac-tif, i-bis, blon-din, ma-ïs.

LA PARESSE.

Et vous, grande paresseuse, au lieu de regarder voler les mouches, vous feriez mieux d'étudier votre leçon.— Ramassez votre livre et reprenez bien vite votre lecture... — Vos parents donnent beaucoup d'argent pour vous faire instruire, et vous n'apprenez rien.— Apportez le bonnet d'âne à cette nonchalante.

SUITE DES EXERCICES SUR LES SONS.

O

em-ploi, oc-troi, mou-choir,
bo-bo, zé-ro, ef-froi, co-co,
cha-mois, sour-nois, bon-jour,
bon-bon, vau-tour, dis-cours.

U

*poin-tu, ai-gu, té-tu, ca-duc,
ap-pui, en-nui, é-tui, cha-cun,
a-zur, fu-tur, obs-cur, o-bus,
ré-bus, sa-lut, dé-but, af-fût.*

MOTS DE TROIS SYLLABES.

ré-sé-da, o-dé-on, lu-cra-tif, do-mi-no,
os-se-let, é-tour-di, mo-dè-le, mer-cre-di,
ju-pi-ter, in-ci-vil, a-lam-bic, om-ni-bus,
na-ti-on, na-tu-re, ap-pa-reil, sau-va-ge.

LA COQUETTERIE.

Elise est une charmante enfant, par malheur déjà un peu coquette. — L'autre jour elle a été bien attrapée ; elle s'était amusée à se poudrer la figure, comme sa tante. — La poudre lui est entrée dans les yeux et lui a fait si mal, qu'on a été obligé de faire chercher le médecin !

MOTS DE TROIS SYLLABES.

sou-ve-nir, tour-ne-vis, mer-ce-rie, vil-la-geois, pa-ra-sol, va-ga-bond, cor-ri-dor, a-ma-dou, car-re-four, é-blou-i, bis-cor-nu, a-que-duc, om-ni-bus, au-tri-chien, cha-pe-let, gen-dar-me.

MOTS DE QUATRE SYLLABES.

é-pou-van-tail, ca-va-le-rie, Jé-ru-sa-lem, il-lu-si-on, pé-ti-ti-on, com-tem-po-rain, en-tre-pre-neur, en-ve-ni-mer, dé-so-bé-ir, ca-rac-tè-re, ca-bri-o-let, en-tre-te-nir.

ACCENTS.

′ ̀ ̂ ̈

Accent aigu, Accent grave, Accent circonflexe, Tréma.

L'accent aigu se met sur l'É fermé.

L'accent grave se met sur l'È ouvert et quelquefois sur l'A.

LA PETITE MOQUEUSE.

Hortense aime beaucoup à plaisanter. Ce n'est pas un défaut quand la plaisanterie ne fait de peine à personne. — Hortense a trouvé dans le vestibule le chapeau et la canne du docteur et s'amuse à le parodier. — Prends garde, Hortense, si le docteur te surprenait, peut-être cesserais-tu de rire!

L'accent circonflexe se met sur toutes les voyelles longues.

Le tréma se met sur les voyelles E I U pour les détacher d'autres voyelles.

EXEMPLE.

A
déjà.	âme.	châtiment.	lâche
voilà.	pâtre.	blâme.	pâte.
là-haut.	gâteau.	dégât.	château.

E
scélérat.	procès.	baptême.	poêle.
sénat.	décès.	fête.	noël.
paré.	succès.	arrêt.	poëte.

I
abîme.	cloître.	haïr.	sinaï.
île.	paître.	coïncider.	naïf.
prît.	gîte.	Moïse.	aïeul.

O
| côte. |
| ôter. |
| rôle. |

U
jeûne.	Imaüs.
flûte.	Esaü.
affût.	Saül.

LA TOILETTE DE LA POUPÉE.

C'est tout profit que d'être sage. — On est choyée, caressée et jamais grondée. Jeanne ayant été bien sage vient de recevoir une jolie poupée avec sa couchette et des robes de rechange. — Elle montre sa richesse à son amie Claire, et les deux camarades vont s'amuser à jouer à la petite maman.

SIGNES ORTHOGRAPHIQUES.

    '   ,   —
Apostrophe.   Cédille.   Trait-d'union.

L'apostrophe sert à la suppression d'une voyelle et se place à gauche ou en haut de la lettre :
Exemple L'

La cédille sert a adoucir les sons et se met dessous la lettre C devant les voyelles A O U : Exemple Ç.

Le trait-d'union sert à lier les mots qui n'expriment qu'une seule idée et se place entre les mots.
Exemple —

EXEMPLE SUR L'APOSTROPHE.

L'homme, l'amitié, l'obscurité, l'enfant.

Sans l'apostrophe on serait obligé de dire :

Le homme, la amitié, la obscurité, etc.

EXEMPLE SUR LA CÉDILLE

Maçon, reçu, menaça, garçon, français.

EXEMPLE SUR LE TRAIT-D'UNION.

Peu-à-peu, corps-de-garde, chef-d'œuvre, tire-bouchon, couvre-pied, rez-de-chaussée.

LA PETITE CHAPELLE.

Amélie est déjà une grande fille qui sait coudre et broder. — Elle vient de faire une si jolie chapelle que M. le curé lui a permis de l'exposer dans la rue et de quêter au profit des pauvres. — Amélie est bien heureuse, elle aura beaucoup d'argent à distribuer aux malheureux!

DE LA PONCTUATION.

La ponctuation sert à séparer les différents membres de phrases et indique ordinairement les repos que l'on doit observer en lisant.

La ponctuation est représentée par les signes suivants :

La virgule.	,
Le point virgule.	;
Le point.	.
Les deux points.	:
Le point d'exclamation.	!
Le point d'interrogation.	?
Le guillemet.	(»)
Le tiret.	—
Les points suspensifs.	....

LA COLÈRE.

Quels cris! quel tapage! un malheur est-il arrivé? non, c'est tout simplement Mademoiselle Clémentine qui se met en colère! Voyez vous la méchante fille! la voilà qui casse ses jouets, renverse les chaises et pousse des cris affreux! examinez sa figure!... peut-on voir quelque chose de plus monstrueux?

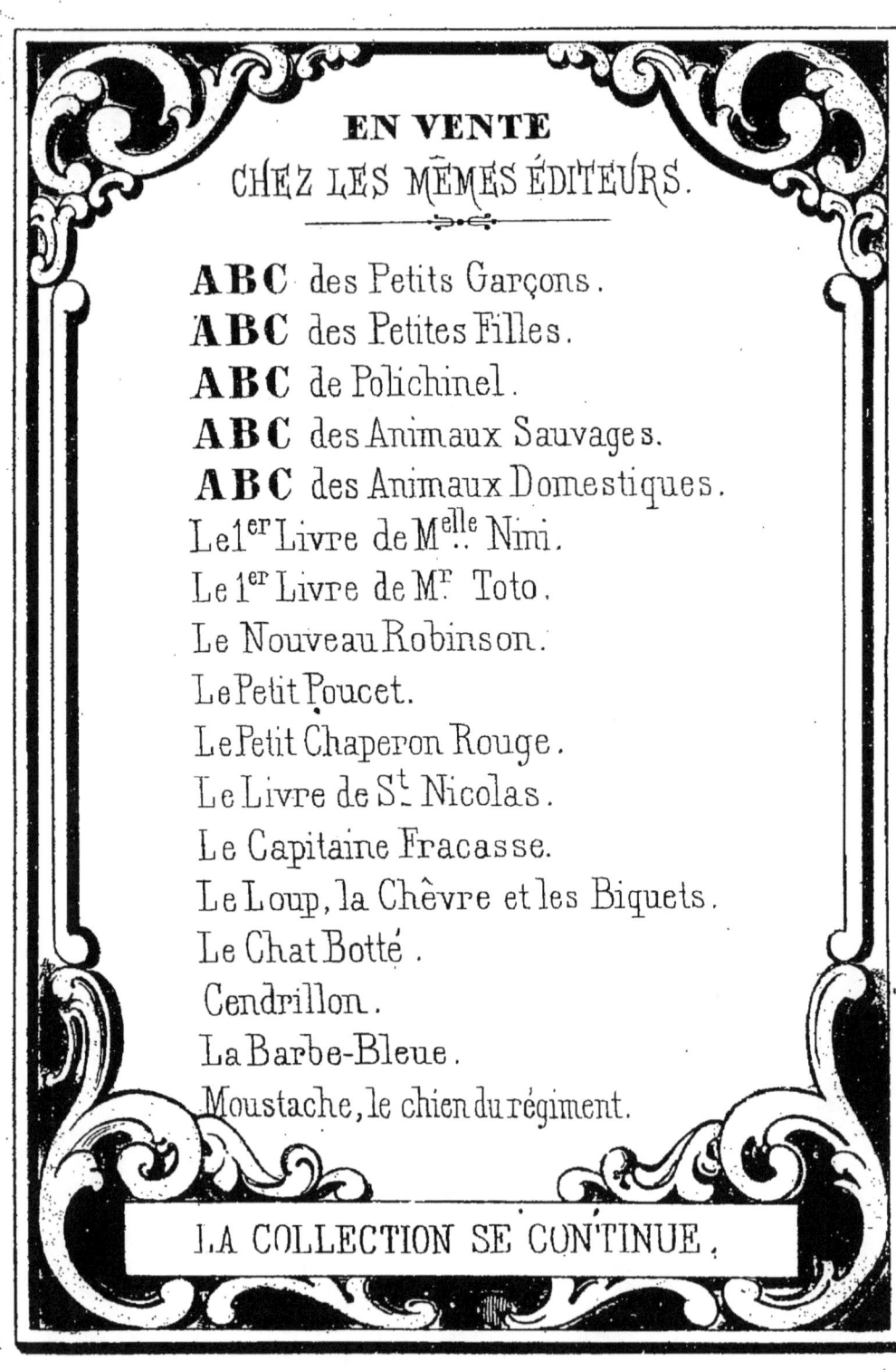

EN VENTE
CHEZ LES MÊMES ÉDITEURS.

ABC des Petits Garçons.
ABC des Petites Filles.
ABC de Polichinel.
ABC des Animaux Sauvages.
ABC des Animaux Domestiques.
Le 1er Livre de Melle Nini.
Le 1er Livre de Mr Toto.
Le Nouveau Robinson.
Le Petit Poucet.
Le Petit Chaperon Rouge.
Le Livre de St Nicolas.
Le Capitaine Fracasse.
Le Loup, la Chèvre et les Biquets.
Le Chat Botté.
Cendrillon.
La Barbe-Bleue.
Moustache, le chien du régiment.

LA COLLECTION SE CONTINUE.

www.ingramcontent.com/pod-product-compliance
Lightning Source LLC
Chambersburg PA
CBHW061015050426
42453CB00009B/1459